RECHENRÄTSEL
FÜR MUTIGE KINDER

Zahlen und Meer

Tauch
mit mir um
die Wette!

Dudenverlag
Berlin

Hallo Seepferdchen,

du bist mutig und liebst Rätsel und Zahlen genauso wie das Meer? Dann schnapp dir einen Stift und tauche ab in eine aufregende Unterwasserwelt. Suche dabei versunkene Zahlen, zähle Quallen und Schildkröten. Rechne aus, welcher Hai der schnellste ist, und male Muscheln und Fische aus.

 Auf manchen Seiten gibt es eine Zugabe, die besonders Spaß macht.

 Und auf den Extramutig-Seiten darfst du zeigen, dass du jede noch so knifflige Aufgabe lösen kannst.

 Hast du das Rätsel auf einer Seite geknackt, darfst du zur Belohnung einen Sticker auf das runde Feld kleben.

 Für dein Zahlenabenteuer benötigst du deinen Kopf und Stifte in verschiedenen Farben. Bist du bereit? Dann kann es losgehen!

Liebe Eltern, in diesem Heft übt Ihr Kind spielerisch den Umgang mit Zahlen und das erste Rechnen. Los geht es mit einfachen Zahlenrätseln, dem Schreiben von Zahlen, dem Zählen. Es folgen Rechenrätsel im Zahlenraum bis 20 sowie erste Textaufgaben. Dabei werden die Aufgaben nach und nach schwieriger. Man kann das Heft von vorne bis hinten durchknobeln oder sich gezielt Rätsel aussuchen. Hilfreich ist es, wenn Sie die Aufgabenstellung mit Ihrem Kind gemeinsam lesen. Wenn es mal nicht weitergeht, helfen die Lösungen ab Seite 64. Ahoi und viel Spaß!

	Seite	
Zahlen	4	
Zählen	16	
Erstes Rechnen	36	
Textaufgaben	56	
Lösungen	64	

Wenn du alle Rätsel in einem Kapitel gelöst und mit den Lösungen verglichen hast, darfst du oben einen Pokal-Sticker einkleben.

Folge dem Hai. Fahre die Zahlen mit einem Stift nach.

Ich habe Hunger auf Zahlen.

Wo hat sich der kleine Fisch vor dem Hai versteckt? Kreise ihn ein.

Zugabe

Fahre die Zahlen auf den Seesternen in den richtigen Farben nach.

1 =
2 =
3 =
4 =
5 =

6 =
7 =
8 =
9 =
0 =

**Diese Seeschlangen mögen Zahlen.
Schreibe jede Zahl mehrere Male auf.**

Ordne die Fische von klein nach groß.
Schreibe die Zahlen 1 bis 5 in die Kästchen.

Mein Tipp:
Beginne mit der **1**
für den kleinsten
Fisch.

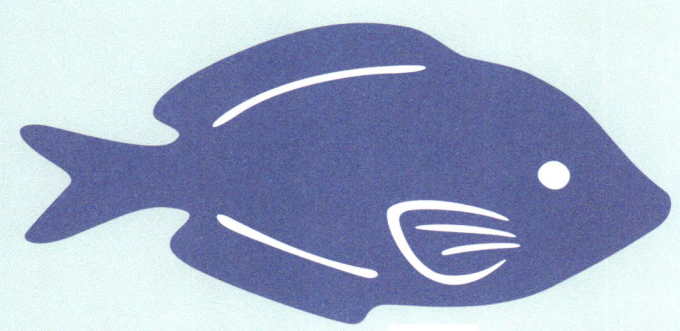

Finde zu jedem Tiefseefisch den passenden Schatten.
Schreibe die richtige Zahl auf.

Welches U-Boot steht für welche Zahl?
Schreibe sie unten mehrmals neben das Bild.

Wer hat sich hier versteckt?
Male die Felder in den richtigen Farben aus.

 1  **2**   **3**   **4**

Flunder Gunda mag Zahlen. Suche jede 2 und jede 3.
Die hat Gunda am liebsten. Kreise sie ein.

Was für ein Gewimmel!

2   4
5   3   5   2   6
2   8   5   3
5   6   8
1   2   2   1   5   2
3

Eine Zahl kommt nur einmal vor.
Welche? Schreibe sie in jedes Kästchen.

Zugabe

Die Tintenfische spielen mit Würfeln.
Verbinde jeden Tintenfisch mit dem richtigen Würfel.

Hilf dem Aal Alfred. Zwei Zahlen sind gleich.
Welche? Kreise sie ein.

0 1 8

3 7 2

9

4

2 1 3

7

6 5

0

5

5 7

9 3

Mein Tipp:
Die Farben helfen dir
bei der Lösung.

**Suche mit Hai Hannes die Zahlen 1, 4 und 7.
Male die Kästchen aus.**

1	5	7	6	2	4	9	1
0	6	9	4	8	3	6	7
6	1	5	3	2	7	8	4
4	2	7	1	0	4	1	9
7	4	6	7	8	5	9	0
4	0	1	6	7	1	5	4
2	5	8	4	2	6	3	7
1	9	4	5	7	4	0	1

Zugabe

Suche die Zahl **0**.
Wie oft kommt sie vor?
Schreibe die Anzahl auf.

Vergleiche die Kugelfische miteinander.
Setze die Zeichen < und > richtig ein.

< ist das Zeichen für „kleiner als".

> ist das Zeichen für „größer als".

Zähle die Fische. Male die richtige Zahl an.

Anglerfisch Anton schwimmt tief unten im Meer.
Wie viele Zähne hat er? Zähle und schreibe die Zahl auf.

Anglerfisch Anton hat ☐ **Zähne.**

Male das Bild aus.

Unter Wasser ist viel los. Zähle die Meeresbewohner.
Verbinde sie mit den richtigen Zahlen.

Der Krebs hat sein Haus geschmückt.
Zähle die Schmuckstücke und verbinde jeden Krebs mit
der richtigen Zahl in dem Kästchen.

1

2

3

4

5

Wie viele Krebse von jeder Farbe leben auf dem Meeresgrund? Zähle und schreibe auf.

	🦀 (rot)	🦀 (gelb)	🦀 (blau)
	2	2	2

Schau dir die Reihen und Spalten genau an.
Welcher Fisch gehört in das leere Kästchen?
Trage die richtige Zahl ein.

Mein Tipp:
Achte auf die
Flossen.

1   **2**   **3**

Auf dem Meeresboden liegen Muscheln und Schnecken.
Ergänze die Reihen und male die letzte Muschel oder
Schnecke in der richtigen Farbe aus.

Schau genau hin und kreise gleiche Quallen mit der
gleichen Farbe ein. Wie viele gibt es von jeder Sorte?
Schreibe auf.

Auch Meerestiere haben Hunger. Wer frisst was?
Zähle und zeichne einen Weg zum richtigen Futter ein.

Wie viele Haie schwimmen nach links und wie viele nach rechts? Zähle und schreibe auf.

links   **rechts**

←   →

Zugabe

In welche Richtung schwimmen mehr Haie? Kreuze die richtige Lösung an.

● links   ● rechts

Tauche mit Delfin Dino im Meer und schau genau hin. Zähle und schreibe die Zahlen auf. Setze das richtige Zeichen dazwischen.

Überlege:
größer als **>**,
kleiner als **<**
oder gleich **=**?

Der Anglerfisch hat die Zahlen 3, 5 und 8 gut versteckt.
Wie oft findest du sie? Zähle und schreibe auf.

5	2	4	0	7	9	1	3
6	8	2	9	3	9	0	6
5	0	5	1	7	5	9	8
7	2	3	6	1	0	3	9
3	4	9	8	6	5	7	2
1	9	2	5	9	2	0	3
7	3	9	4	3	1	8	6
2	0	6	7	5	7	4	3

    3   5   8

Mein Tipp:
Male Kästchen
mit gleichen Zahlen mit
gleicher Farbe aus.

27

Wie viele Fische fehlen?
Setze für jeden fehlenden Fisch einen Strich in den Kreis.

9

6

10

7

Wer schwimmt im Meer?
Verbinde die Zahlen von 1 bis 20.

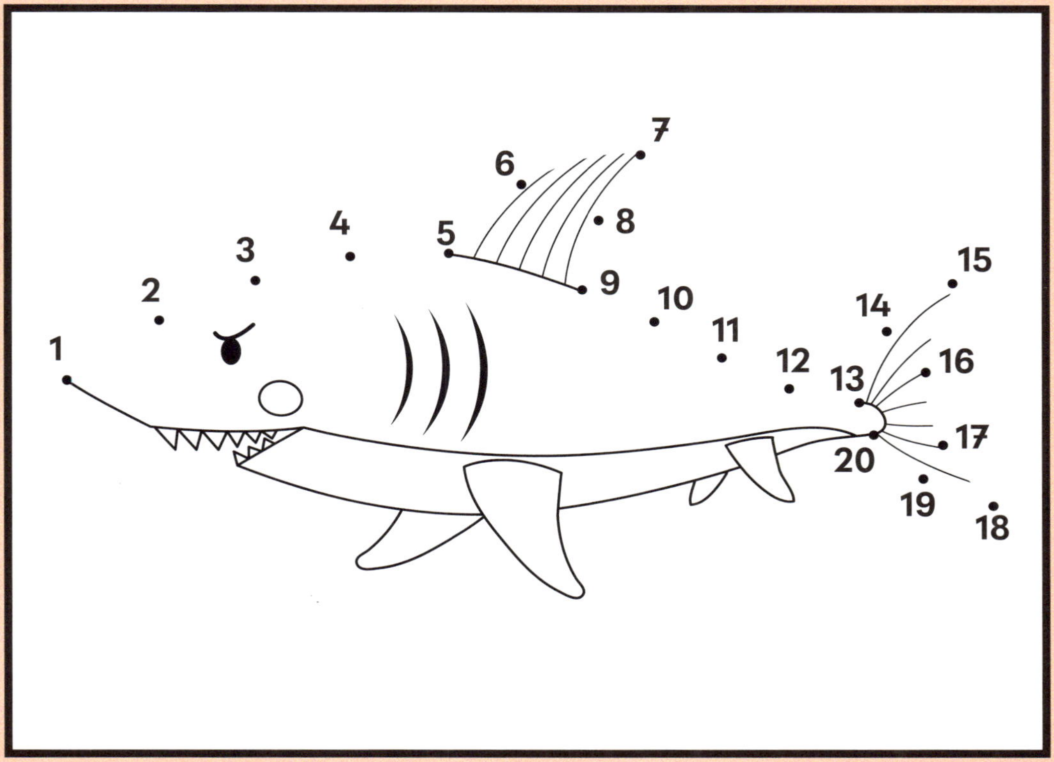

1
2
3
4
5
6
7
8
9
10
11
12
13
14
15
16
17
18
19
20

Male das Bild aus.
Male noch ein paar
bunte Fische dazu.

Zugabe

Meeresbiologin Mia hat **20** Schildkröten mit einer Nummer markiert. Doch eine ist verschwunden. Welche? Schreibe die Zahl in das Kästchen.

1
12
3
4
6
11
8
16
20
13
18
14
7
10
17

Mein Tipp: Zähle laut von **1** bis **20**.

5
15
2
9

Diese Zahl fehlt:

Wie kommt der Krebs zur Meeresschnecke?
Verbinde die Zahlen von 1 bis 18.

1	2	3	4	5
↑	1	7	8	6

0	4	6	8	9	8	7
2	9	12	10	10	11	19
5	7	16	13	11	16	17
4	3	9	14	12	15	18
9	5	7	2	13	14	↓

7	6	9	11	14
4	5	11	12	14

Lies die Zahlenreihen auf den Fischen ab.
Welche Zahlen fehlen? Schreibe sie auf.

8 9   12

11   13   15

16   18 19

Wo lebt der Anglerfisch? Beginne bei T und trage die Buchstaben, auf denen du nach jedem Zählen landest, in die Kästchen ein.

Mein Tipp: Die Zahlen zeigen dir, wie viele Kästchen du weiterzählen musst.

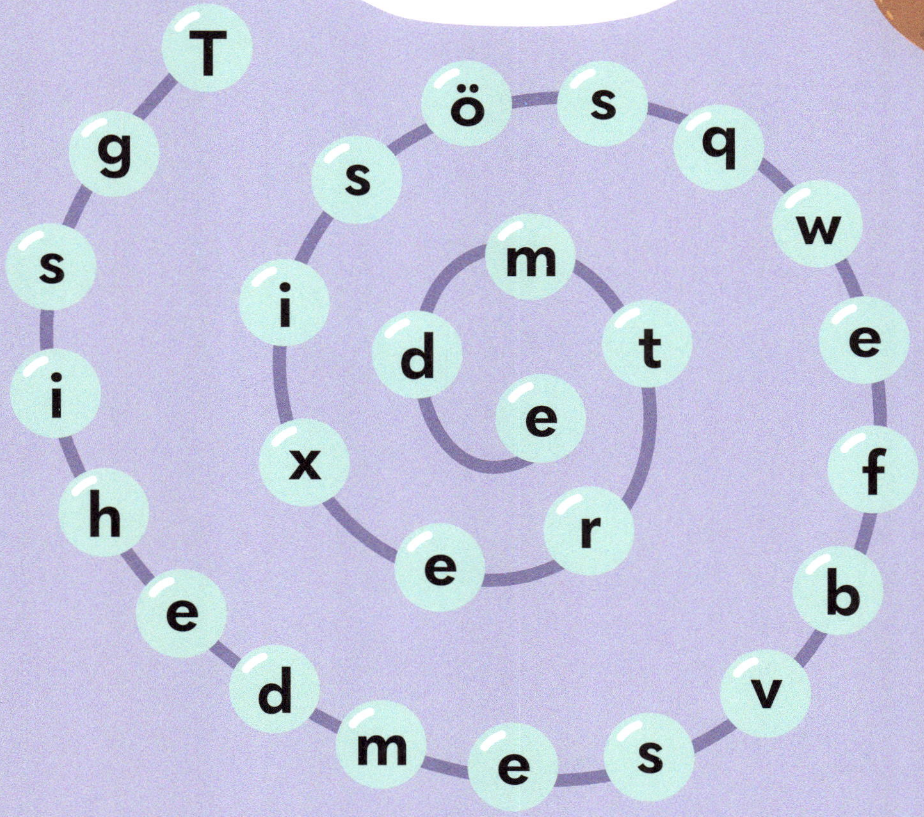

Buchstaben-Spirale:
T g s i h e d m e s v b f e w q s ö s m t d i e r x e

1	+3	+5	+4	+6	+3	+5

T	i						

Der Einsiedlerkrebs Emil hat eine Flaschenpost gefunden. Entschlüssle die geheime Botschaft.

D __ __ __   __ __ __ __ __ __ __
4 9 5   4 5 12 6 9 14 5

__ __ __ __ __ __ __   __ __ __ __
2 18 9 14 7 5 14   4 9 3 8

__ __ __   __ __ __ __ __ __ .
26 21 13   19 3 8 1 20 26

A B C D E F G H I J K L M

N O P Q R S T U V W X Y Z

Mein Tipp:
Jede Zahl gibt den
Platz an, die der
gesuchte Buchstabe im
Alphabet hat.

FÜR EXTRAMUTIGE

Der Clownfisch hat sich verschwommen.
Finde den Weg durch die Korallen. Fange bei 20 an
und gehe rückwärts bis 1.

35

Wie viele Fangarme hat die letzte Qualle in jeder Reihe? Zähle und rechne. Male die richtige Anzahl an Fangarmen an.

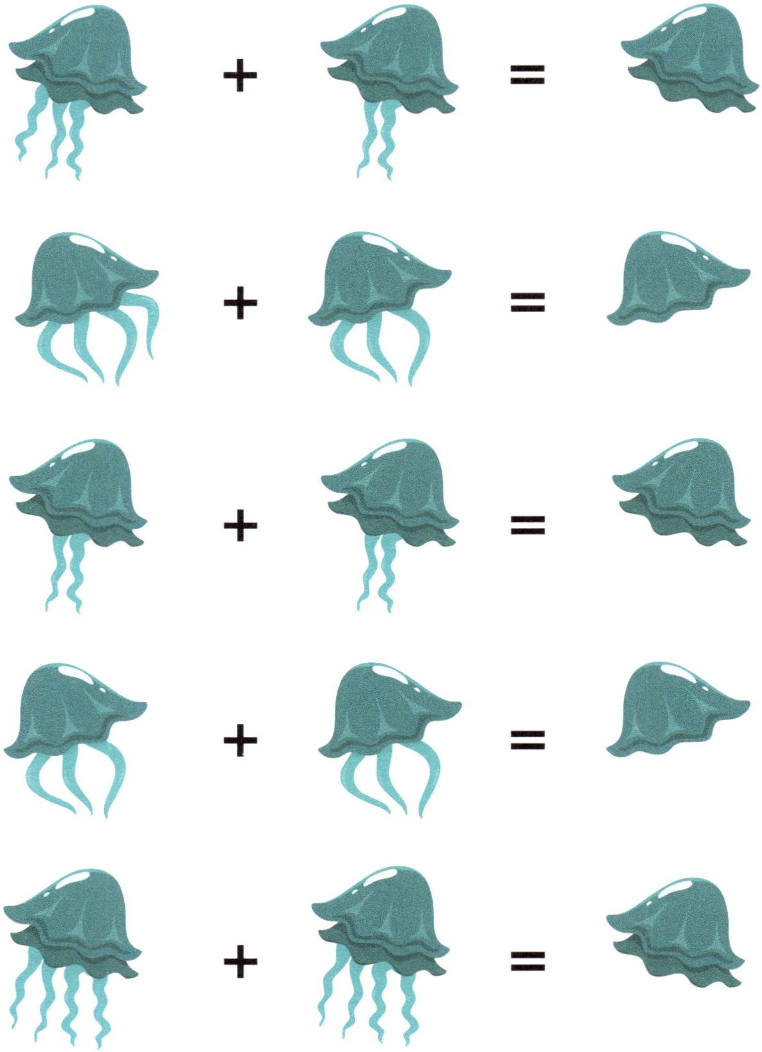

Krake Anna liebt die Zahl 8. Löse die Plusaufgaben.
Welche haben das Ergebnis 8? Kreuze an.

○   1 + 5 = ☐

○   7 + 1 = ☐

○   4 + 6 = ☐

○   5 + 3 = ☐

○   4 + 3 = ☐

○   2 + 6 = ☐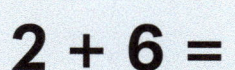

○   2 + 3 = ☐

○   4 + 4 = ☐

Zähle die bunten Fische und rechne. Schreibe das Ergebnis auf.

Der Schwertwal hat Hunger. Wie viele Fische aus
jedem Schwarm bleiben übrig?
Streiche durch und rechne aus.

 6 – 4 =

 8 – 5 =

 3 – 2 =

 7 – 3 =

 9 – 6 =

Zähle die Meeresbewohner und rechne.
Schreibe das Ergebnis auf.

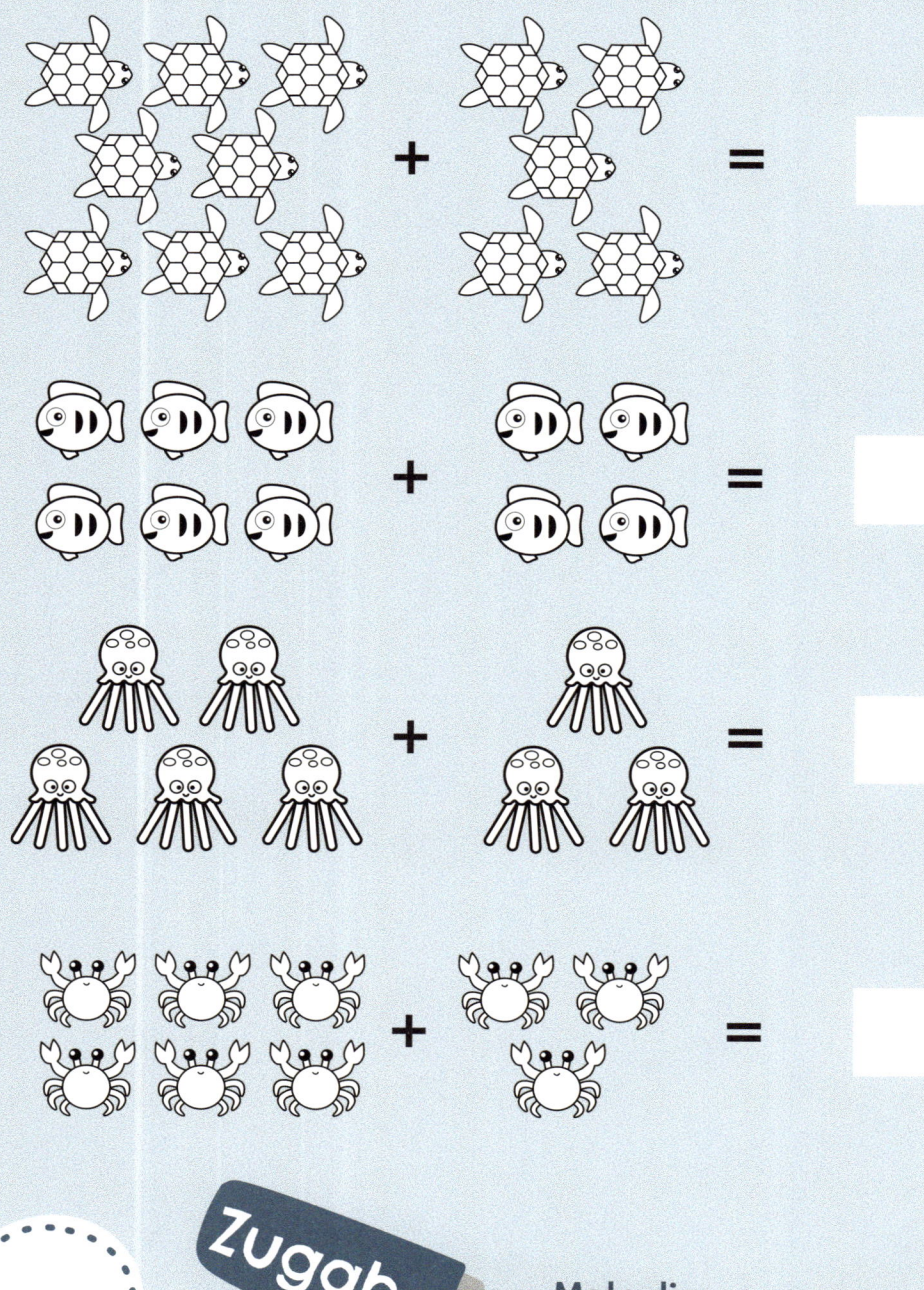

Zugabe

Male die
Meeresbewohner aus.

Löse die Minusaufgaben.
Male die Felder in den richtigen Farben aus.

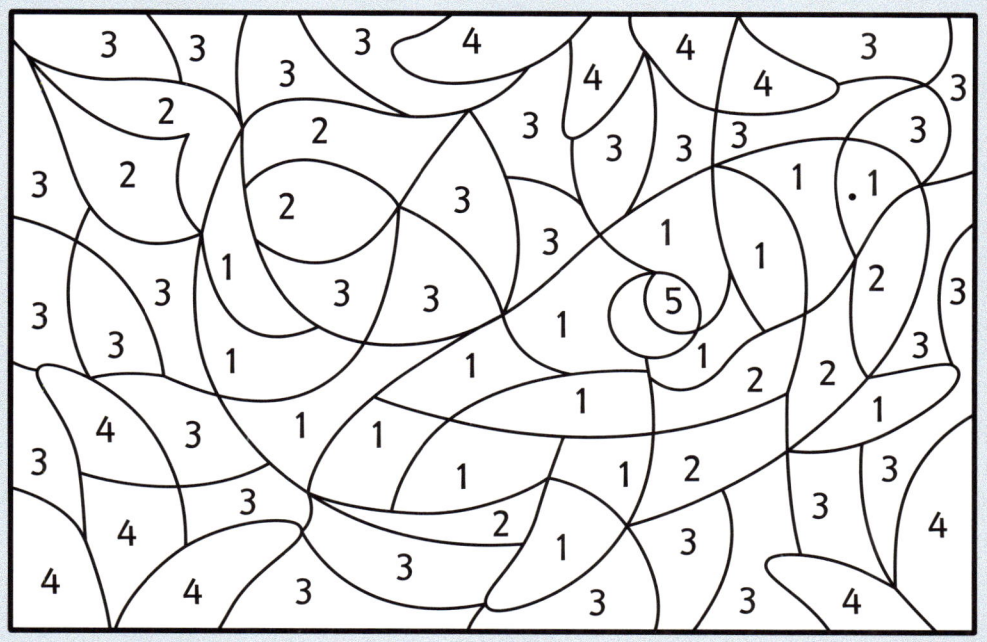

$9 - 4 =$

$4 - 3 =$

$7 - 5 =$

$5 - 2 =$

$8 - 4 =$

Rechne die Aufgaben und male alle Fische mit dem gleichen Ergebnis gleich an.

1 + 2 =

3 + 5 =

6 – 3 =

2 + 2 =

10 – 2 =

7 – 3 =

8 – 5 =

4 + 4 =

10 – 6 =

FÜR EXTRAMUTIGE

Rochen Roy knobelt gerne.
Setze für jedes Bild die richtige Zahl **1** bis **6** ein.

Mein Tipp:
Sobald du eine Zahl
herausgefunden hast,
schau, wo sie noch
vorkommt.

4

Erstes Rechnen

Die U-Boote tauchen ab. Löse die Plusaufgaben.
Verbinde jede Aufgabe mit dem richtigen Ergebnis.

6 + 8 =

3 + 6 =

8 + 5 =

7 + 9 =

13

9

16

14

Im Meer leben auch winzig kleine Tiere. Zähle sie jeweils und schreibe eine passende Aufgabe auf. Rechne.

1

2

3

Wie können die Kraken Ella und Alwin ihre Perlen aufteilen? Zerlege die obere Zahl in zwei Teile. Ergänze die fehlenden Zahlen.

13	
10	3
	6
2	
	8

16	
	8
	12
11	
9	

18	
	10
	14
9	
12	

11	
	4
5	
	1
3	

FÜR EXTRAMUTIGE

Welcher Meeresbewohner steht für welche Zahl?
Rechne und trage die richtigen Zahlen ein.

$$11 + 7 = $$

$$17 - $$  $$ = 7$$

 $$ - 8 = 12$$

$$6 + $$  $$ = 15$$

 $$ + 4 = 16$$

Hammerhai Harri grübelt. Hilf ihm.
Rechne und trage die fehlenden Zahlen ein.

17

3 **5**

Mein Tipp:
Rechne so: 3 + 5 = ?
Das Ergebnis kommt
in das Kästchen
darüber.

12

5

2

6

4 **2**

3

11 **2** **1** **0**

Zwei Einsiedlerkrebse machen Urlaub. Ordne die Koffer so, dass beide das gleiche Gewicht erreichen.

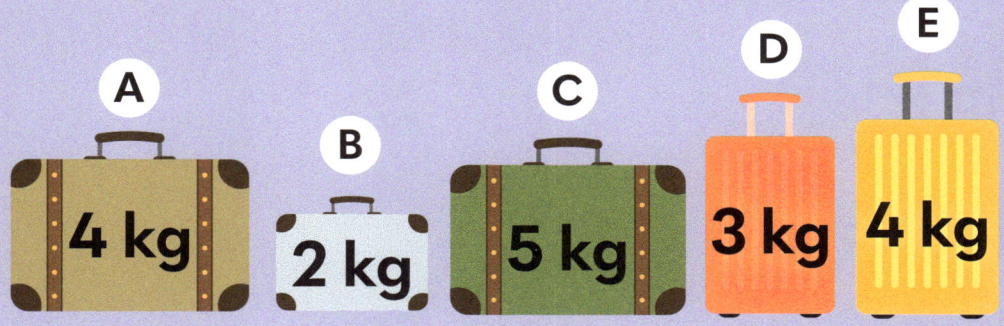

A 4 kg B 2 kg C 5 kg D 3 kg E 4 kg

Mein Tipp:
Du darfst jeden Koffer nur einmal verwenden.

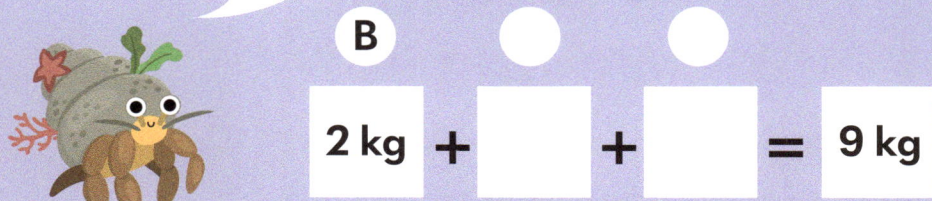

B
2 kg + ☐ + ☐ = 9 kg

A
4 kg + ☐ = 9 kg

Die U-Boote erkunden die Tiefsee. Wohin fahren sie?
Rechne die Plusaufgaben und zeichne den Weg ein.

 **3+5+8**

19

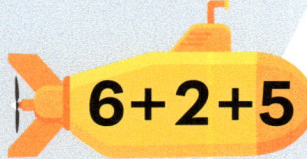 **6+2+5**

16

 **4+8+7**

13

 **Zugabe**

Male noch ein paar
Meerestiere auf die Seite.

50

Krake Kai mag Perlen. Addiere die Zahlen im Kopf.
Bei welcher Muschel erhältst du das Ergebnis 20?
Male sie aus.

Zugabe

Male auch die
anderen Muscheln aus.

Rechne mit Carlo und Pablo.
Trage die fehlenden Zahlen ein.

6 – 2 + 4 = ☐

3 + 2 + ☐ = 9

8 – 5 + 1 = ☐

7 – 1 + 2 = ☐

2 + 2 – 4 = ☐

9 – 2 – ☐ = 5

Erstes Rechnen

Der Walhai und der Weiße Hai schwimmen um die Wette.
Rechne von oben nach unten. Sieger ist, wer die meisten
Punkte hat. Wer gewinnt? Kreuze an.

Die Lieblingszahl des Vampirtintenfischs ist **10**.
Rechne die Zahlen der Reihe nach zusammen. Sobald
sie **10** ergeben, streiche sie durch und fange neu an.

$$5 + 2 + 3 + 1 + 6 + 3 + 7 + 1 + 2$$
$$+ 4 + 2 + 4 + 2 + 8 + 0 + 1 + 5 + 4$$
$$+ 2 + 1 + 2 + 5 + 3 + 2 + 1 + 4$$

*Mein Tipp:
Immer wenn du **10**
hast, mache einen
Strich.*

Zugabe

Male einen Tintenfisch
mit 10 Fangarmen.

FÜR EXTRAMUTIGE

Hilf Rochen Rolf. Setze die Zahlen 1 bis 5 so ein, dass die Aufgaben stimmen.

2 + ☐ + 3 = 10

Mein Tipp: Jede Zahl darf nur einmal eingesetzt werden.

2 + ☐ + ☐ = 9

3 + ☐ + ☐ = 6

Verbinde jede Frage mit der passenden Antwort.
Trage die fehlenden Zahlen ein.

Wie viele  siehst du?

Es sind [ ]  .

Wie viele  zählst du?

Ich sehe [ ]  .

Wie viele  sind im Meer?

Ich zähle [ ]  .

Lies den Text und die Fragen.
Nur eine Frage passt zum Text. Kreuze sie an.

**Beim Tauchen sieht Anna 2 Delfine,
4 Seepferdchen und 3 Quallen.**

○ **Wie alt ist Anna?**

○ **Wie viele Tiere sieht Anna?**

○ **Wie warm ist das Wasser?**

**Trage die Anzahl
der Tiere ein.
Rechne aus.**

Zugabe

☐ + ☐ + ☐ = ☐

○

Lies den Text und ergänze das Bild.
Dann rechne und antworte.

**Um das gesunkene Schiff schwimmen 3 rote,
5 grüne und 2 blaue Fische.
2 rote und 4 blaue Fische kommen dazu.
Wie viele Fische sind es insgesamt?**

Rechnung:

Es sind insgesamt ☐ Fische.

FÜR EXTRAMUTIGE

Lies den Text. Schreibe die richtige Frage auf.
Dann rechne und antworte.

Der Krebs läuft morgens 5 Meter zum großen Stein. Mittags läuft er 3 Meter zur Koralle. Abends läuft er 6 Meter bis zur Sandbank.

Frage:

Wie viele

Rechnung:

Antwort:

Schau dir die Bilder an und lies den Text.
Rechne und kreuze die richtige Antwort an.

vorher:

nachher:

Raubfisch Robert hat Hunger.

Wie viele Fische verspeist er?

Rechnung:

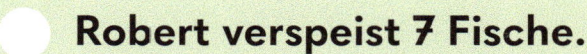

○ Robert verspeist 7 Fische.

○ Robert verspeist 8 Fische.

○ Robert verspeist 9 Fische.

Welcher Text gehört zu welcher Rechenaufgabe?
Verbinde und rechne aus.

5 Quallen sind rot, 3 Quallen sind gelb.
Wie viele Quallen sind es insgesamt?

6 kleine Schildkröten tauchen
neben 3 großen Schildkröten.
Wie viele Schildkröten
tauchen im Meer?

7 Delfine spielen im Wasser.
2 Delfine schwimmen weg.
Wie viele Delfine sind noch da?

$5 + 3 =$ ☐ $6 + 3 =$ ☐

$7 - 2 =$ ☐

**Lies den Text. Welche Rechenaufgabe gehört dazu?
Kreuze an und rechne.**

**Kugelfisch Karl braucht 14 Seeigel
für sein Abendbrot.
6 Seeigel hat er schon gefunden.
Wie viele Seeigel muss er noch sammeln?**

○ $14 + 6 = \boxed{}$

○ $14 - 7 = \boxed{}$

○ $14 - 6 = \boxed{}$

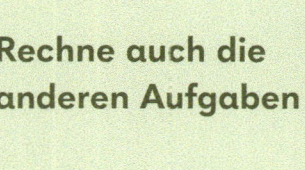

Zugabe

**Rechne auch die
anderen Aufgaben aus.**

Lies den Text. Schreibe die Rechnung auf.
Was stimmt hier nicht?

Hai Fred kommt von einer Reise zurück.
Er erzählt, dass er 17 Tiere gesehen hat:
4 Krabben, 2 Wale, 5 Fische, 1 Rochen und
3 Schlangen.

Rechnung:

Antwort:

Lösungen

Zahlen

Folge dem Hai. Fahre die Zahlen mit einem Stift nach.

1 2 3
4 5 6
7 8 9
0

Ich habe Hunger auf Zahlen.

Wo hat sich der kleine Fisch vor dem Hai versteckt? Kreise ihn ein.

Zugabe

4

Zahlen

Fahre die Zahlen auf den Seesternen in den richtigen Farben nach.

1 9 6
3 5 0
7 2 8
4

1 =   6 =
2 =   7 =
3 =   8 =
4 =   9 =
5 =   0 =

5

Zahlen

Diese Seeschlangen mögen Zahlen. Schreibe jede Zahl mehrere Male auf.

6 6 6 6 6 6 6
4 4 4 4 4 4 4
7 7 7 7 7 7 7
1 1 1 1 1 1 1

6

Zahlen

Ordne die Fische von klein nach groß. Schreibe die Zahlen 1 bis 5 in die Kästchen.

4

2

Mein Tipp: Beginne mit der 1 für den kleinsten Fisch.

5

3

1

7

FÜR EXTRAMUTIGE

Finde zu jedem Tiefseefisch den passenden Schatten.
Schreibe die richtige Zahl auf.

8

Zahlen

Welches U-Boot steht für welche Zahl?
Schreibe sie unten mehrmals neben das Bild.

9

Zahlen

Wer hat sich hier versteckt?
Male die Felder in den richtigen Farben aus.

1   2   3   4

10

Zahlen

Flunder Gunda mag Zahlen. Suche jede 2 und jede 3.
Die hat Gunda am liebsten. Kreise sie ein.

Was für ein Gewimmel!

Zugabe

Eine Zahl kommt nur einmal vor.
Welche? Schreibe sie in jedes Kästchen.

4 4 4 4 4

11

65

Zahlen

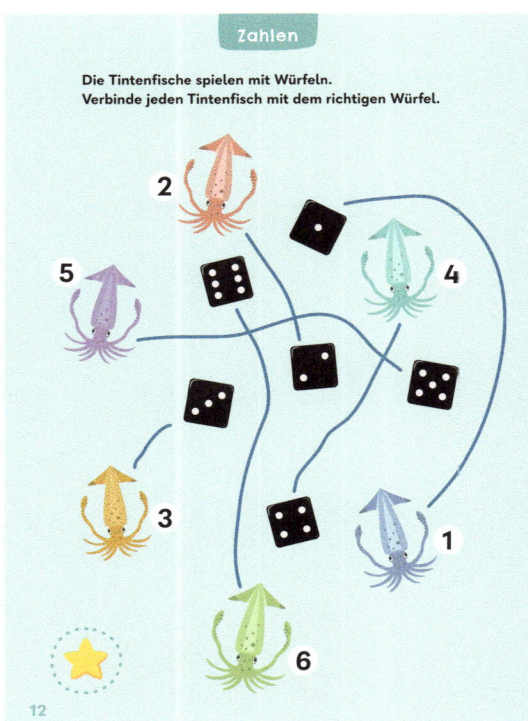

Die Tintenfische spielen mit Würfeln.
Verbinde jeden Tintenfisch mit dem richtigen Würfel.

2
5
4
3
1
6

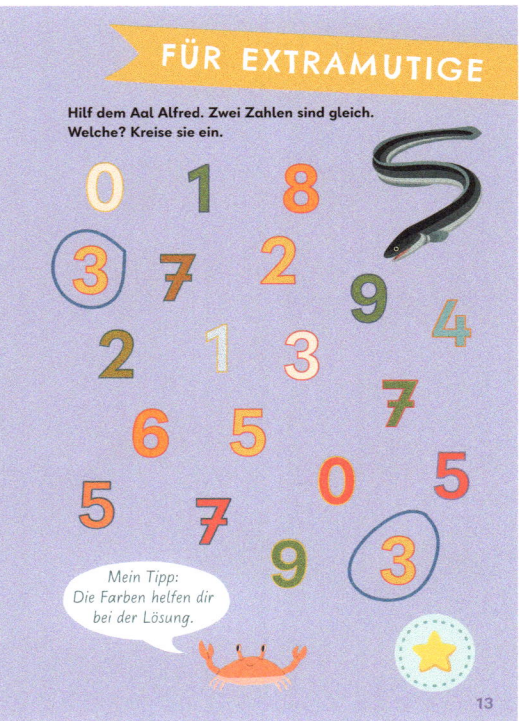

FÜR EXTRAMUTIGE

Hilf dem Aal Alfred. Zwei Zahlen sind gleich.
Welche? Kreise sie ein.

0 1 8
3 7 2
9 4
2 1 3
7
6 5
0 5
5 7
9 3
Mein Tipp:
Die Farben helfen dir
bei der Lösung.

Zahlen

Suche mit Hai Hannes die Zahlen 1, 4 und 7.
Male die Kästchen aus.

1	5	7	6	2	4	9	1
0	6	9	4	8	3	6	7
6	1	5	3	2	7	8	4
4	2	7	1	0	4	1	9
7	4	6	7	8	5	9	0
4	0	1	6	7	1	5	4
2	5	8	4	2	6	3	7
1	9	4	5	7	4	0	1

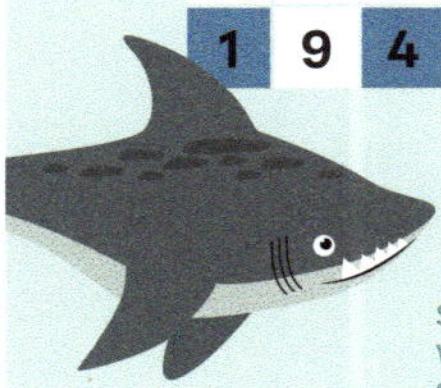

Zugabe

Suche die Zahl **0**.
Wie oft kommt sie vor?
Schreibe die Anzahl auf.

5

Zahlen

Vergleiche die Kugelfische miteinander.
Setze die Zeichen < und > richtig ein.

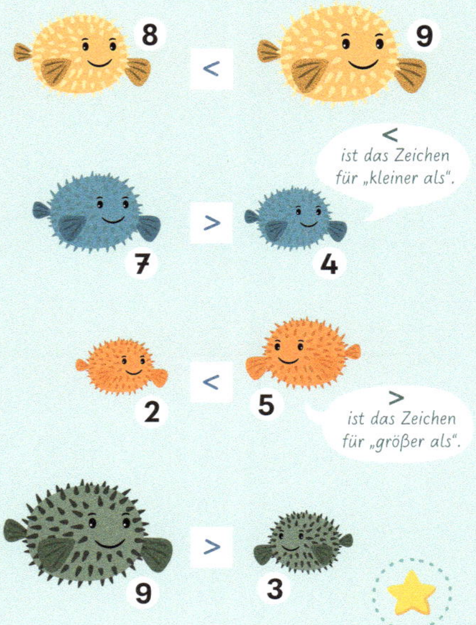

8 < 9
< ist das Zeichen für „kleiner als".
7 > 4
2 < 5
> ist das Zeichen für „größer als".
9 > 3

Zählen

Zähle die Fische. Male die richtige Zahl an.

2   1
3
4

1
2   3
4

4
5
6
7

4
5
6
7

16

Zählen

**Anglerfisch Anton schwimmt tief unten im Meer.
Wie viele Zähne hat er? Zähle und schreibe die Zahl auf.**

(mögliche Lösung)

Anglerfisch Anton hat **8** Zähne.

Zugabe

Male das Bild aus.

17

Zählen

**Unter Wasser ist viel los. Zähle die Meeresbewohner.
Verbinde sie mit den richtigen Zahlen.**

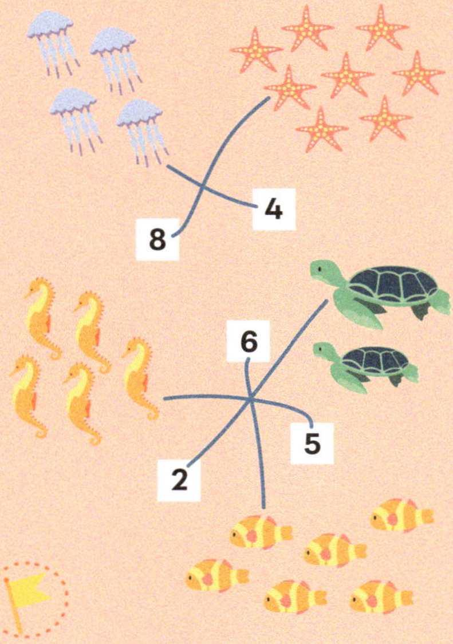

4
8

6
2   5

18

FÜR EXTRAMUTIGE

**Der Krebs hat sein Haus geschmückt.
Zähle die Schmuckstücke und verbinde jeden Krebs mit
der richtigen Zahl in dem Kästchen.**

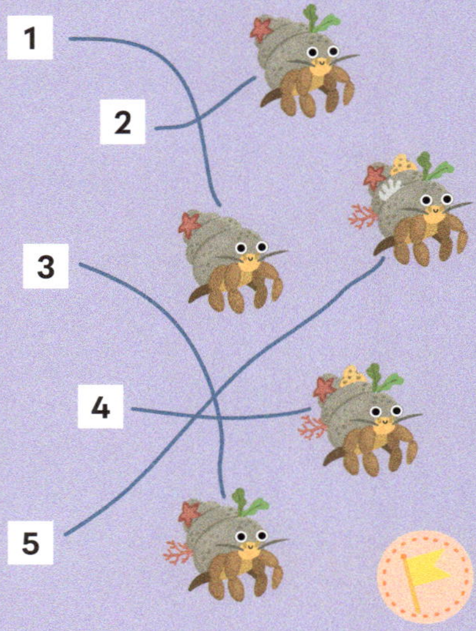

1
2

3

4

5

19

67

Lösungen

Zählen

Wie viele Krebse von jeder Farbe leben auf dem Meeresgrund? Zähle und schreibe auf.

	2	2	2
	2	1	3
	0	2	4
	4	1	1
	2	1	3
	2	0	4
	2	2	2
	3	1	2

20

Zählen

Schau dir die Reihen und Spalten genau an. Welcher Fisch gehört in das leere Kästchen? Trage die richtige Zahl ein.

21

Zählen

Auf dem Meeresboden liegen Muscheln und Schnecken. Ergänze die Reihen und male die letzte Muschel oder Schnecke in der richtigen Farbe aus.

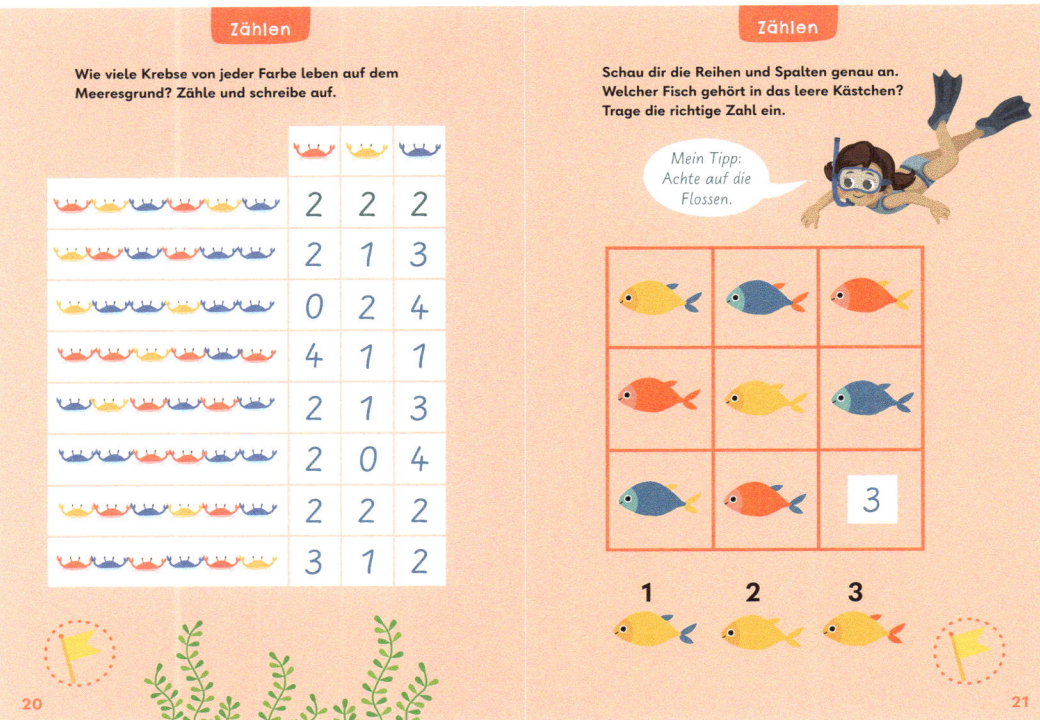

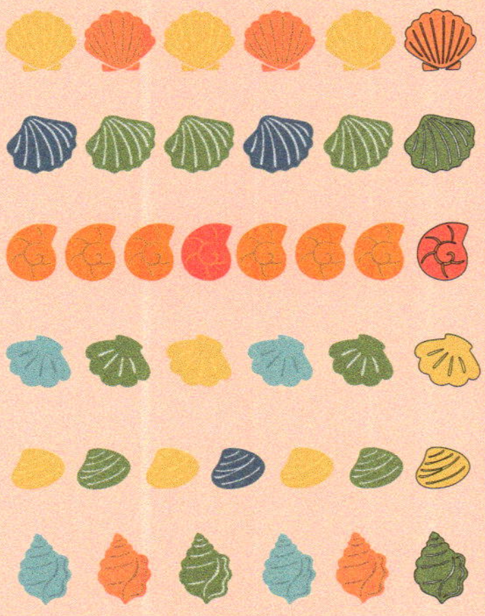

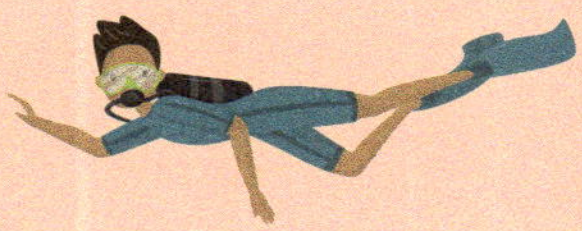

22

FÜR EXTRAMUTIGE

Schau genau hin und kreise gleiche Quallen mit der gleichen Farbe ein. Wie viele gibt es von jeder Sorte? Schreibe auf.

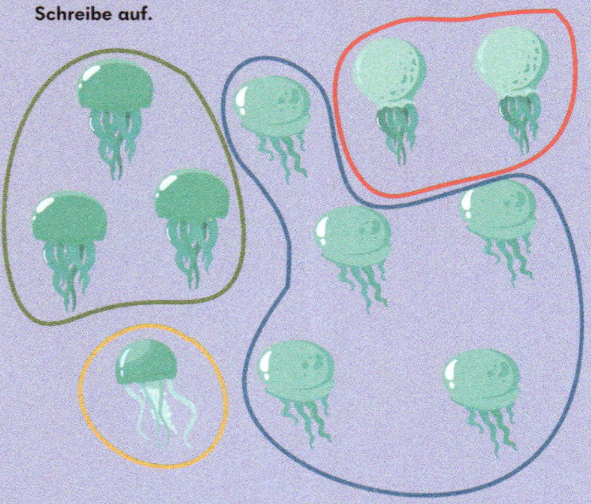

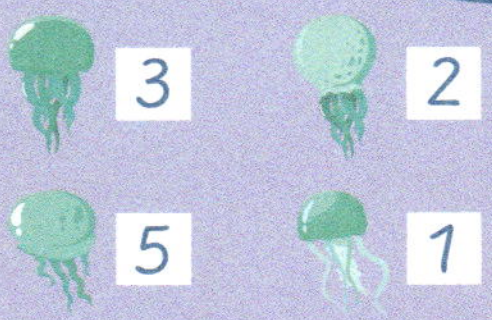

23

Zählen

Auch Meerestiere haben Hunger. Wer frisst was?
Zähle und zeichne einen Weg zum richtigen Futter ein.

7

10

3

5

Zählen

Wie viele Haie schwimmen nach links und wie viele
nach rechts? Zähle und schreibe auf.

links	rechts
10	8
←	→

In welche Richtung
schwimmen mehr Haie?
Kreuze die richtige Lösung an.

X links   ○ rechts

Zugabe

24

25

Zählen

Tauche mit Delfin Dino im Meer und schau
genau hin. Zähle und schreibe die Zahlen auf.
Setze das richtige Zeichen dazwischen.

$4 < 6$

$2 = 2$

$7 < 9$

$5 > 4$

Überlege:
größer als $>$,
kleiner als $<$
oder gleich $=$?

Zählen

Der Anglerfisch hat die Zahlen 3, 5 und 8 gut versteckt.
Wie oft findest du sie? Zähle und schreibe auf.

5	2	4	0	7	9	1	3
6	8	2	9	3	9	0	6
5	0	5	1	7	5	9	8
7	2	3	6	1	0	3	9
3	4	9	8	6	5	7	2
1	9	2	5	9	2	0	3
7	3	9	4	3	1	8	6
2	0	6	7	5	7	4	3

9	7	4
3	5	8

Mein Tipp:
Male Kästchen
mit gleichen Zahlen mit
gleicher Farbe aus.

26

27

69

Lösungen

FÜR EXTRAMUTIGE

Wie viele Fische fehlen?
Setze für jeden fehlenden Fisch einen Strich in den Kreis.

9 ||||

6 |||

10 ||

7 ||||

Zählen

Wer schwimmt im Meer?
Verbinde die Zahlen von 1 bis 20.

(mögliche Lösung)

Male das Bild aus.
Male noch ein paar
bunte Fische dazu.

Zugabe

28

29

Zählen

Meeresbiologin Mia hat 20 Schildkröten mit einer
Nummer markiert. Doch eine ist verschwunden.
Welche? Schreibe die Zahl in das Kästchen.

12 3 1
4
6 11
8 16
20
13 18
14
10
7
17
Mein Tipp:
Zähle laut von
1 bis 20.
5 15
9
2

Diese Zahl fehlt: **19**

Zählen

Wie kommt der Krebs zur Meeresschnecke?
Verbinde die Zahlen von 1 bis 18.

1	2	3	4	5
↑	1	7	8	6
0	4	6	8	9	7
2	9	12	10	10	11	19
5	7	16	13	11	16	17
4	3	9	14	12	15	18
9	5	7	2	13	14	↓
7	6	9	11	14
4	5	11	12	14

30

31

70

Lies die Zahlenreihen auf den Fischen ab.
Welche Zahlen fehlen? Schreibe sie auf.

7 8 9 10 11 12

11 12 13 14 15 16

15 16 17 18 19 20

32

FÜR EXTRAMUTIGE

Wo lebt der Anglerfisch? Beginne bei **T** und trage die
Buchstaben, auf denen du nach jedem Zählen landest,
in die Kästchen ein.

Mein Tipp:
Die Zahlen zeigen dir,
wie viele Kästchen du
weiterzählen musst.

1 +3 +5 +4 +6 +3 +5

T i e f s e e

33

Der Einsiedlerkrebs Emil hat eine Flaschenpost
gefunden. Entschlüssle die geheime Botschaft.

DIE DELFINE
4 9 5   4 5 12 6 9 14 5

BRINGEN DICH
2 18 9 14 7 5 14   4 9 3 8

ZUM SCHATZ.
26 21 13   19 3 8 1 20 26

A B C D E F G H I J K L M

N O P Q R S T U V W X Y Z

Mein Tipp:
Jede Zahl gibt den
Platz an, die der
gesuchte Buchstabe im
Alphabet hat.

34

FÜR EXTRAMUTIGE

Der Clownfisch hat sich verschwommen.
Finde den Weg durch die Korallen. Fange bei **20** an
und gehe rückwärts bis **1**.

35

Erstes Rechnen

Wie viele Fangarme hat die letzte Qualle in jeder Reihe? Zähle und rechne. Male die richtige Anzahl an Fangarmen an.

36

Erstes Rechnen

Krake Anna liebt die Zahl 8. Löse die Plusaufgaben. Welche haben das Ergebnis 8? Kreuze an.

○ $1 + 5 = 6$

✗ $7 + 1 = 8$

○ $4 + 6 = 10$

✗ $5 + 3 = 8$

○ $4 + 3 = 7$

✗ $2 + 6 = 8$

○ $2 + 3 = 5$

✗ $4 + 4 = 8$

37

Erstes Rechnen

Zähle die bunten Fische und rechne. Schreibe das Ergebnis auf.

$+ \quad = 8$

$+ \quad = 6$

$+ \quad = 5$

$+ \quad = 8$

$+ \quad = 6$

38

Erstes Rechnen

Der Schwertwal hat Hunger. Wie viele Fische aus jedem Schwarm bleiben übrig? Streiche durch und rechne aus.

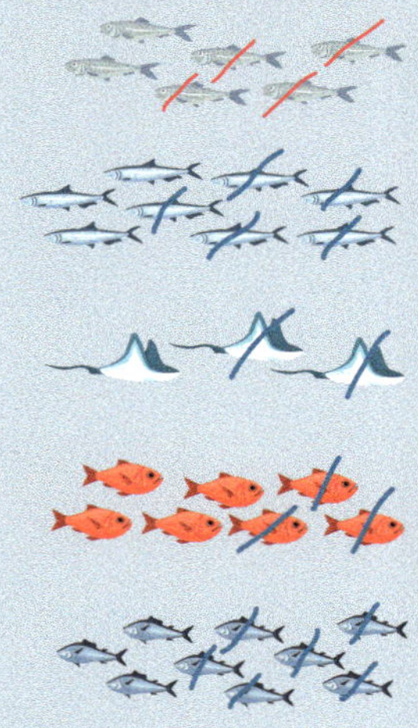

$6 - 4 = 2$

$8 - 5 = 3$

$3 - 2 = 1$

$7 - 3 = 4$

$9 - 6 = 3$

39

Erstes Rechnen

Zähle die Meeresbewohner und rechne.
Schreibe das Ergebnis auf.

+ = **13**

+ = **10**

+ = **8**

+ = **9**

(mögliche Lösung)

Zugabe Male die
Meeresbewohner aus.

40

Erstes Rechnen

Löse die Minusaufgaben.
Male die Felder in den richtigen Farben aus.

$9 - 4 =$ **5** $4 - 3 =$ **1**

$7 - 5 =$ **2** $5 - 2 =$ **3**

$8 - 4 =$ **4**

41

Erstes Rechnen

Rechne die Aufgaben und male alle Fische mit
dem gleichen Ergebnis gleich an.

$1 + 2 =$ **3** $3 + 5 =$ **8** $6 - 3 =$ **3**

$2 + 2 =$ **4** $10 - 2 =$ **8** $7 - 3 =$ **4**

$8 - 5 =$ **3** $4 + 4 =$ **8** $10 - 6 =$ **4**

42

FÜR EXTRAMUTIGE

Rochen Roy knobelt gerne.
Setze für jedes Bild die richtige Zahl **1** bis **6** ein.

+ =

+ =

− =

+ =

*Mein Tipp:
Sobald du eine Zahl
herausgefunden hast,
schau, wo sie noch
vorkommt.*

2 **4** **6** **3** **5**

43

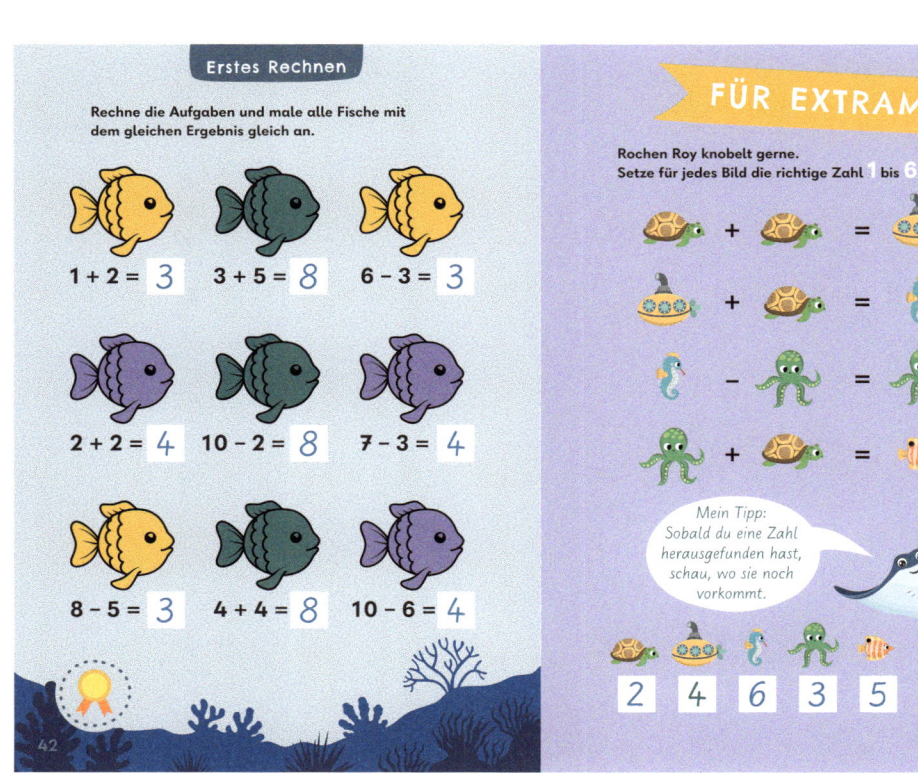

73

Lösungen

Die U-Boote tauchen ab. Löse die Plusaufgaben.
Verbinde jede Aufgabe mit dem richtigen Ergebnis.

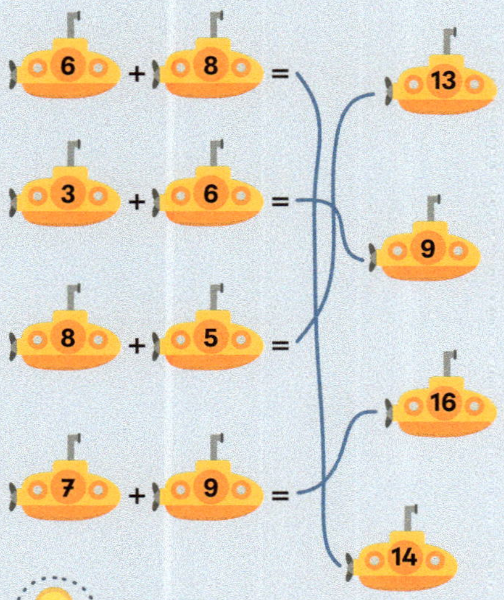

6 + 8 =   13

3 + 6 =   9

8 + 5 =   16

7 + 9 =   14

44

Im Meer leben auch winzig kleine Tiere. Zähle sie
jeweils und schreibe eine passende Aufgabe auf.
Rechne.

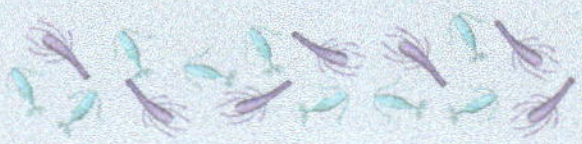

1    $9 + 7 = 16$

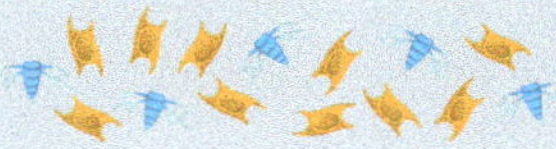

2    $10 + 5 = 15$

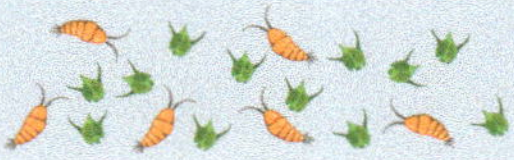

3    $12 + 6 = 18$

(mögliche Lösungen)

45

Wie können die Kraken Ella und Alwin ihre Perlen
aufteilen? Zerlege die obere Zahl in zwei Teile.
Ergänze die fehlenden Zahlen.

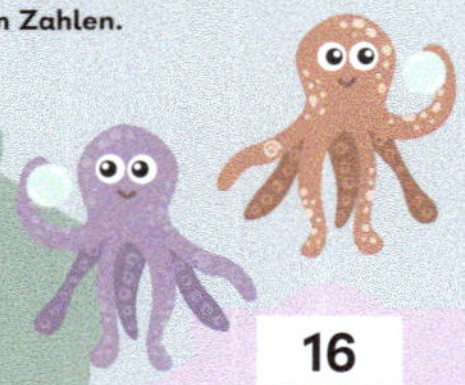

13	
10	3
7	6
2	11
5	8

16	
8	8
4	12
11	5
9	7

18	
8	10
4	14
9	9
12	6

11	
7	4
5	6
10	1
3	8

46

FÜR EXTRAMUTIGE

Welcher Meeresbewohner steht für welche Zahl?
Rechne und trage die richtigen Zahlen ein.

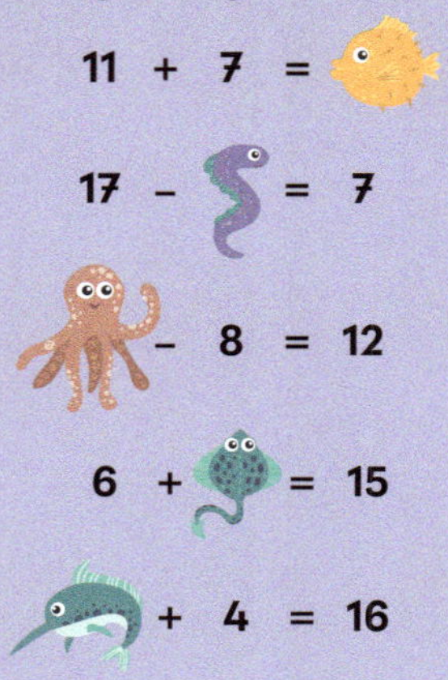

11 + 7 = 🐡

17 − 🐊 = 7

🐙 − 8 = 12

6 + 🦑 = 15

🐟 + 4 = 16

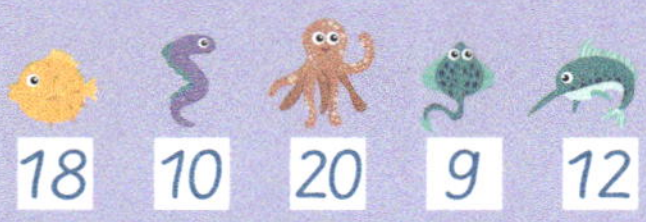

🐡	🐊	🐙	🦑	🐟
18	10	20	9	12

47

74

Lösungen

Erstes Rechnen

Hammerhai Harri grübelt. Hilf ihm.
Rechne und trage die fehlenden Zahlen ein.

```
        17
      9    8
   6    3    5
```

Mein Tipp:
Rechne so: 3 + 5 = ?
Das Ergebnis kommt
in das Kästchen
darüber.

```
        12
      5    7
   2    3    4
```

```
        14
      8    6
   4    4    2
```

```
           20
        16    4
     13    3    1
   11    2    1    0
```

FÜR EXTRAMUTIGE

Zwei Einsiedlerkrebse machen Urlaub. Ordne die
Koffer so, dass beide das gleiche Gewicht erreichen.

A 4 kg   B 2 kg   C 5 kg   D 3 kg   E 4 kg

Mein Tipp:
Du darfst jeden Koffer nur
einmal verwenden.

B   D   E
2 kg + 3 kg + 4 kg = 9 kg

A   C
4 kg + 5 kg = 9 kg

48

49

Erstes Rechnen

Die U-Boote erkunden die Tiefsee. Wohin fahren sie?
Rechne die Plusaufgaben und zeichne den Weg ein.

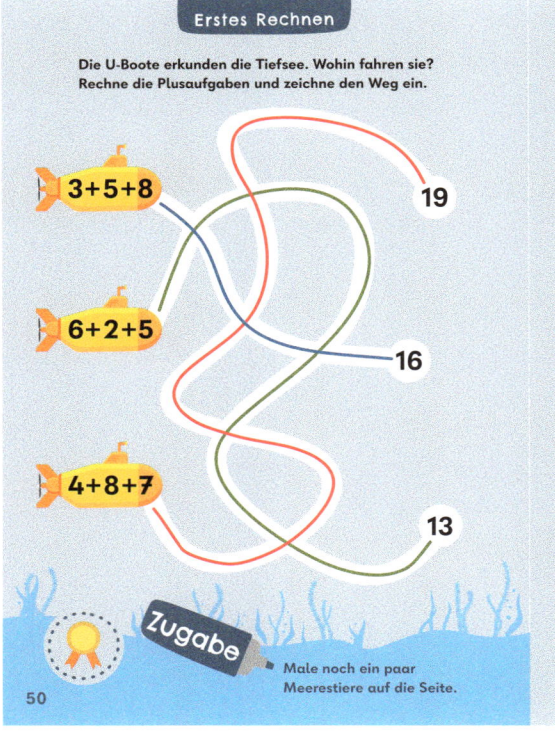

3+5+8   19

6+2+5   16

4+8+7   13

Zugabe
Male noch ein paar
Meerestiere auf die Seite.

50

Erstes Rechnen

Krake Kai mag Perlen. Addiere die Zahlen im Kopf.
Bei welcher Muschel erhältst du das Ergebnis 20?
Male sie aus.

Zugabe

Male auch die
anderen Muscheln aus.

51

75

Lösungen

FÜR EXTRAMUTIGE

Rechne mit Carlo und Pablo.
Trage die fehlenden Zahlen ein.

$6 - 2 + 4 = 8$

$3 + 2 + 4 = 9$

$8 - 5 + 1 = 4$

$7 - 1 + 2 = 8$

$2 + 2 - 4 = 0$

$9 - 2 - 2 = 5$

Erstes Rechnen

Der Walhai und der Weiße Hai schwimmen um die Wette.
Rechne von oben nach unten. Sieger ist, wer die meisten
Punkte hat. Wer gewinnt? Kreuze an.

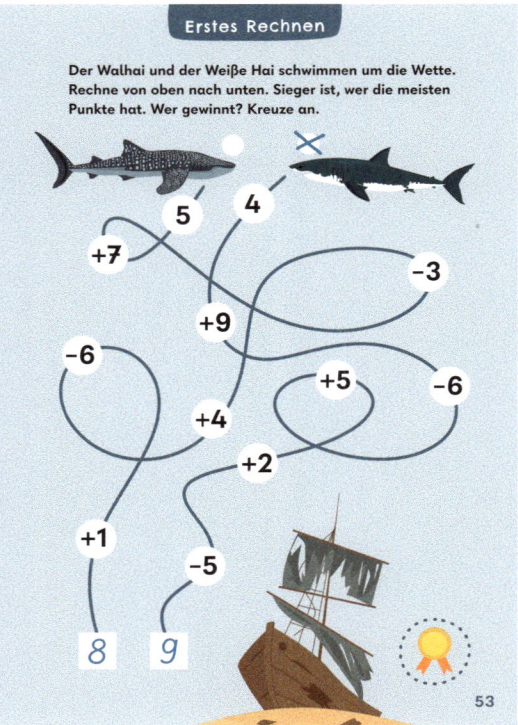

5 · 4 ✕

+7 · −3 · +9 · −6 · +5 · −6 · +4 · +2 · +1 · −5

8 **9**

Erstes Rechnen

Die Lieblingszahl des Vampirtintenfischs ist **10**.
Rechne die Zahlen der Reihe nach zusammen. Sobald
sie 10 ergeben, streiche sie durch und fange neu an.

5 + 2 + 3 + 1 + 6 + 3 + 7 + 1 + 2
+ 4 + 2 + 4 + 2 + 8 + 0 + 1 + 5 + 4
+ 2 + 1 + 2 + 5 + 3 + 2 + 1 + 4

*Mein Tipp:
Immer wenn du 10
hast, mache einen
Strich.*

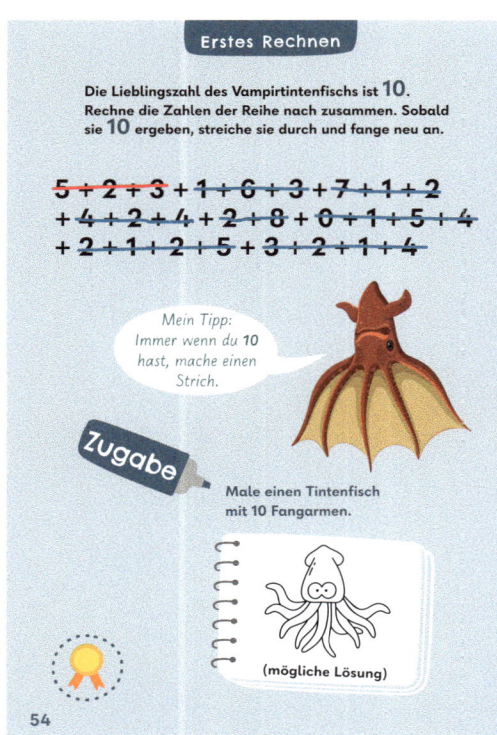

Zugabe

Male einen Tintenfisch
mit 10 Fangarmen.

(mögliche Lösung)

FÜR EXTRAMUTIGE

Hilf Rochen Rolf. Setze die Zahlen 1 bis 5 so ein,
dass die Aufgaben stimmen.

$2 + 5 + 3 = 10$

*Mein Tipp:
Jede Zahl darf nur
einmal eingesetzt
werden.*

$2 + 3 + 4 = 9$

$3 + 2 + 1 = 6$

52 53 54 55

76

Textaufgaben

Verbinde jede Frage mit der passenden Antwort.
Trage die fehlenden Zahlen ein.

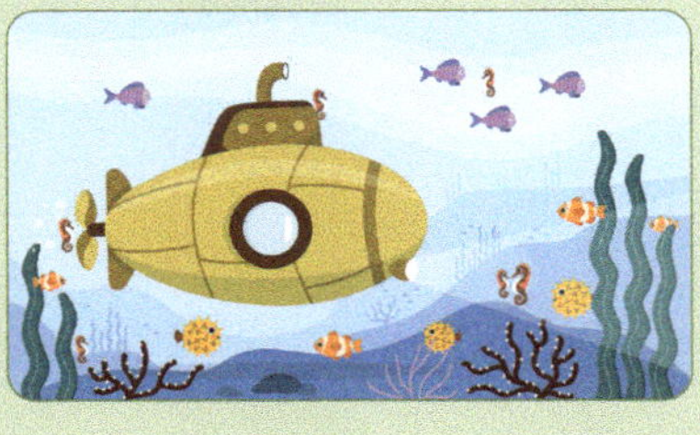

Wie viele 🐡 siehst du?

Es sind 6 🐠 .

Wie viele 🐠 zählst du?

Ich sehe 3 🐡 .

Wie viele 🐚 sind im Meer?

Ich zähle 4 🐠 .

56

Textaufgaben

Lies den Text und die Fragen.
Nur eine Frage passt zum Text. Kreuze sie an.

Beim Tauchen sieht Anna 2 Delfine,
4 Seepferdchen und 3 Quallen.

○ Wie alt ist Anna?

✗ Wie viele Tiere sieht Anna?

○ Wie warm ist das Wasser?

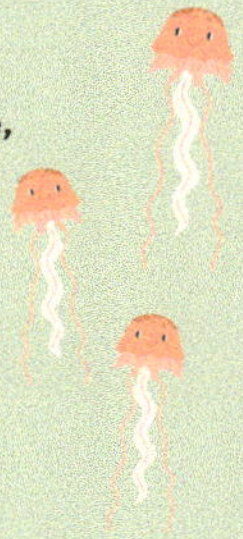

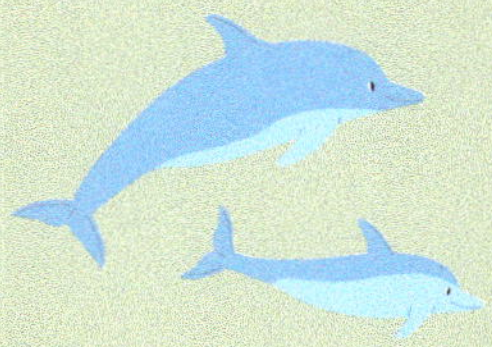

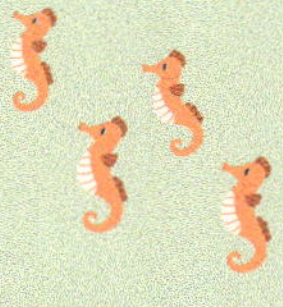

Trage die Anzahl der Tiere ein. Rechne aus.

Zugabe

$2 + 4 + 3 = 9$

57

Textaufgaben

Lies den Text und ergänze das Bild.
Dann rechne und antworte.

Um das gesunkene Schiff schwimmen 3 rote,
5 grüne und 2 blaue Fische.
2 rote und 4 blaue Fische kommen dazu.
Wie viele Fische sind es insgesamt?

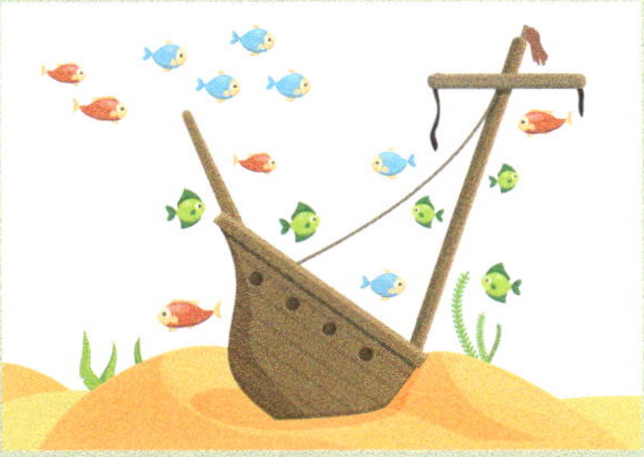

Rechnung:

$3 + 5 + 2 + 2 + 4 = 16$

Es sind insgesamt 16 Fische.

58

FÜR EXTRAMUTIGE

Lies den Text. Schreibe die richtige Frage auf.
Dann rechne und antworte.

Der Krebs läuft morgens 5 Meter zum
großen Stein. Mittags läuft er 3 Meter
zur Koralle. Abends läuft er 6 Meter
bis zur Sandbank.

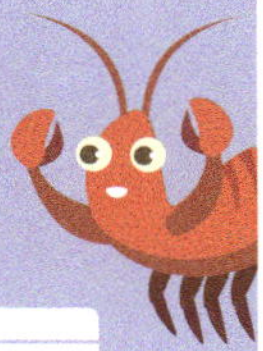

Frage:

Wie viele Meter ist
der Krebs gelaufen?

Rechnung:

$5 + 3 + 6 = 14$

Antwort:

Der Krebs ist
14 Meter gelaufen.

59

77

Lösungen

Textaufgaben

Schau dir die Bilder an und lies den Text.
Rechne und kreuze die richtige Antwort an.

vorher:

nachher:

Raubfisch Robert hat Hunger.
Wie viele Fische verspeist er?

Rechnung:

$$16 - 8 = 8$$

- ○ Robert verspeist 7 Fische.
- ✗ Robert verspeist 8 Fische.
- ○ Robert verspeist 9 Fische.

60

Textaufgaben

Welcher Text gehört zu welcher Rechenaufgabe?
Verbinde und rechne aus.

5 Quallen sind rot, 3 Quallen sind gelb.
Wie viele Quallen sind es insgesamt?

6 kleine Schildkröten tauchen
neben 3 großen Schildkröten.
Wie viele Schildkröten
tauchen im Meer?

7 Delfine spielen im Wasser.
2 Delfine schwimmen weg.
Wie viele Delfine sind noch da?

$$5 + 3 = 8 \qquad 6 + 3 = 9$$

$$7 - 2 = 5$$

61

Textaufgaben

Lies den Text. Welche Rechenaufgabe gehört dazu?
Kreuze an und rechne.

Kugelfisch Karl braucht 14 Seeigel
für sein Abendbrot.
6 Seeigel hat er schon gefunden.
Wie viele Seeigel muss er noch sammeln?

- ○ $14 + 6 = 20$
- ○ $14 - 7 = 7$
- ✗ $14 - 6 = 8$

Zugabe

Rechne auch die
anderen Aufgaben aus.

62

FÜR EXTRAMUTIGE

Lies den Text. Schreibe die Rechnung auf.
Was stimmt hier nicht?

Hai Fred kommt von einer Reise zurück.
Er erzählt, dass er 17 Tiere gesehen hat:
4 Krabben, 2 Wale, 5 Fische, 1 Rochen und
3 Schlangen.

Rechnung:

$$4 + 2 + 5 + 1 + 3 = 15$$

Antwort:

Hai Fred hat nur
15 Tiere gesehen.

63

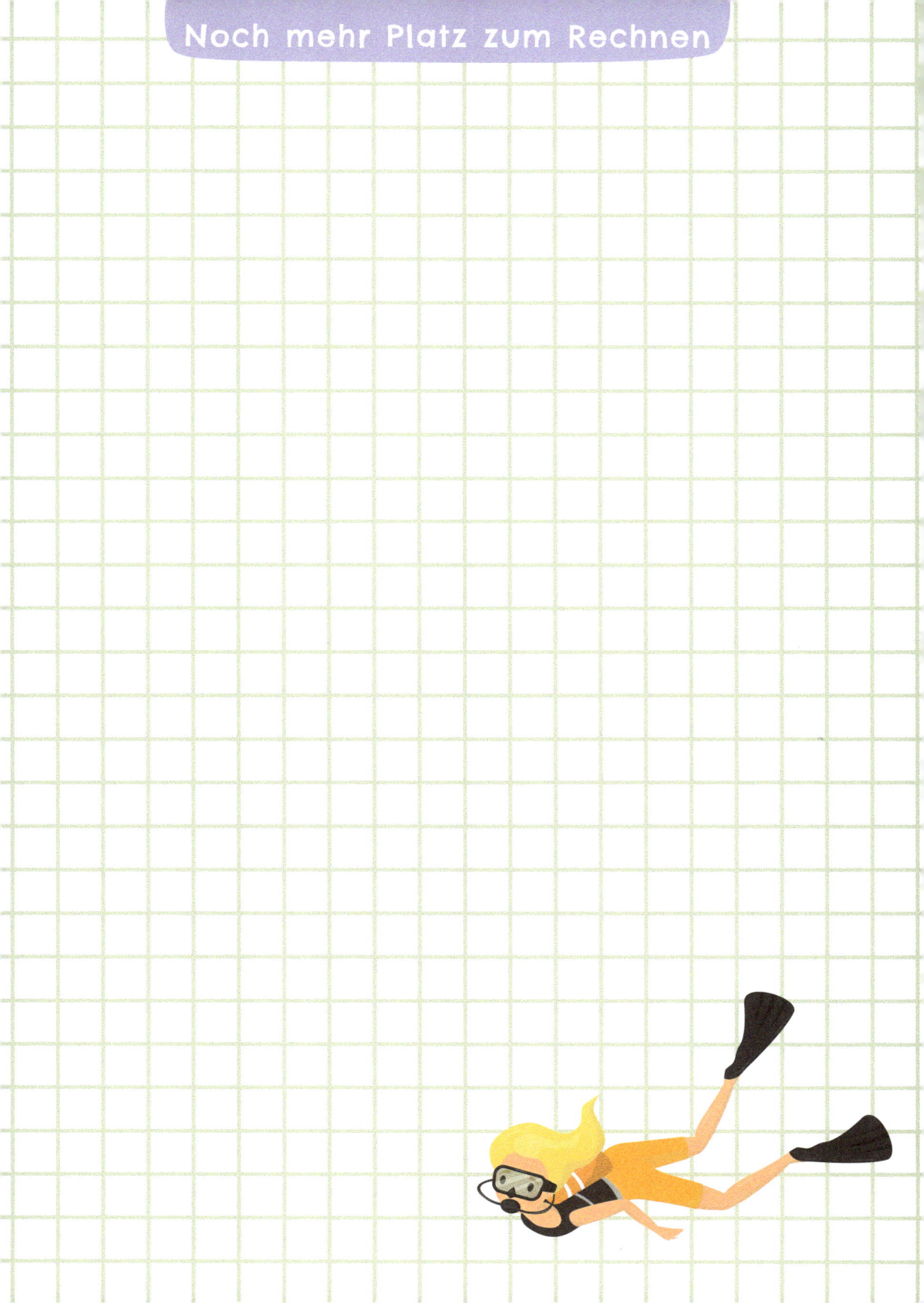

BILDNACHWEIS

formlabor: S. 5 (Farbkleckse), S. 48
(Rechenmauern), Sticker (Fahne, Orden)

Shutterstock.com: Adrianpurnama,
alexdndz, Alfmaler, Aratehortua, ayelet-
keshet, Bachiny, bc21, Blackspring, Blue-
RingMedia, Brostock, Dzun, escova, Ezida,
galbe, gogopow, GoodStudio, GrapeRoni,
GreenSkyStudio, HappyPictures, irarusaya,
isoon kawsuk, Johnny Dream, Kastoluza,
KatyGr5, KittyVector, Klara Viskova, Ko-
giori, Ksenya Savva, KurArt, Kvetka.design,
Lemonade Serenade, Lexamer, Lexi Claus,
Lubenica, Magicleaf, MaryDesy, Meggie,
mentalmind, mhatzapa, Milya Shaykh,
miniwide, Mintoboru, Nadezda Barkova,
nafanya241, Narcissa Less, natchapohn,
Nechayka, Net Vector, Nora Hachio, Nsit,
Oleon17, Olga_Serova, Onica Alexandru
Sergiu, Only_up, Oxy_gen, para_graph,
robuart, ShadeDesign, Spreadthesign,
StockSmartStart, summer studio, Svitlana
Tytska, Tuesday04, tynyuk, uatari, Yakubo-
vich Ekaterina, yugoro, Zapatosoldador,
ZinetroN

IMPRESSUM

Redaktionelle Leitung Constanze Schöder
Redaktion und Lektorat Katja Baier
Autorinnen Janine Eck, Ulrike Rogler

Umschlaggestaltung formlabor, Hamburg
Umschlagabbildungen Shutterstock.com: Salva-
dorova (Unterwasserwelt), Andrii_Malysh (U-Boot),
HappyPictures (Seestern)
Satz und Layout formlabor, Hamburg

www.duden.de
www.cornelsen.de

1. Auflage, 1. Druck 2024

© 2024 Cornelsen Verlag GmbH,
Mecklenburgische Str. 53, 14197 Berlin

Druck: Livonia Print, Riga

ISBN: 978-3-411- 78062-4

PEFC zertifiziert
Dieses Produkt stammt aus nachhaltig
bewirtschafteten Wäldern und kontrollierten
Quellen.

PEFC/12-31-006   www.pefc.de